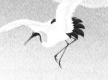

前　言

　　俗话说："一世兰，半世竹。"画兰需要用一世的时间静下心来钻研、探索。画画终归是自己的事，许是过了四十岁才收敛了些虚妄之心，开始寻思学画的初衷，开始寻思画画的道理。

　　画好写意画，无论是兰花，还是其他素材、内容，我个人理解无非是三样：1.书法的能力要有，可以解决笔墨塑造形象的问题；2.诗词的诵读要有，可以解决情怀在画中的表达；3.生活中对物象的体察和自身内心的诉求要有，可以解决画面生动亲切的感受。做到以上三样，才能充分表现出"写意"的意味。

　　兰花，历来是文人雅士喜好之品，但却又是最难以写其意的素材。兰叶细长，且多丛兰叶重叠、穿插，情况复杂，这对于画者的用笔以及组织能力要求极高，这也是区分画兰高低的关键所在。所谓"本乎立意而归乎于用笔"，画兰时，要做到"笔到意随"。用笔有增有减，随机应变，灵活地画出兰花既妩媚多姿又清幽淡雅之感。

　　如今网络资源丰富，经典展览不断，初学者可多利用、多欣赏传统经典之作，如石涛、吴昌硕、吴茀之、卢坤峰等大师的兰花作品，体悟其用笔方式之妙，构图组织之法，会更有益于绘画创作的学习与提升。

　　总之，如开篇所说，"一世兰，半世竹"。画画需要花时间潜心地钻研、领悟，勤学多练，熟能生巧，必有好的作品呈现。

王忠民

目　录

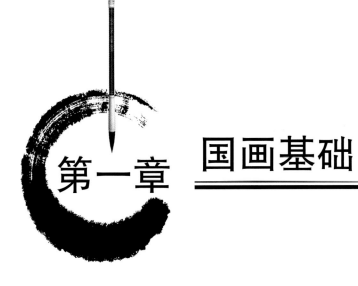

第一章 国画基础

　　国画，又称中国画，古时称为"丹青"，是我国传统的绘画形式，即用毛笔蘸水、墨、彩在特制的宣纸或绢上作画。笔、墨、纸、砚是我国独有的文书工具，也是绘制国画基本的工具和材料。学画国画，首先要了解用笔技巧、墨韵层次、纸质特性、磨砚方法以及颜料种类等基本知识，为后期深入学习奠定坚实的基础。

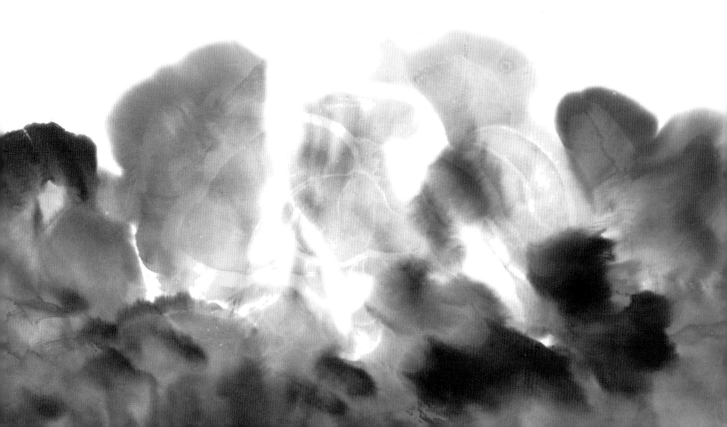

一、笔

1. 毛笔种类

毛笔的种类多样，依照笔毛的软硬特性，分为硬毫笔、软毫笔、兼毫笔三类。

硬毫笔：笔毛硬度强、弹性大，使用时能达到挺、健、力的效果。常见的材质有兔毫、狼毫、鼠须等。狼毫笔价格适中，比兔毫笔稍软，比羊毫笔硬，适合初学者使用。常见的狼毫笔有：大兰竹、中兰竹、小兰竹。

软毫笔：笔毛的弹性较小，较柔软，吸水性强，一般用羊毫、鸡毫等软毫制成，使用时能达到厚、韧、柔的效果。羊毫是最常用的软毫笔，如长锋羊毫、羊毫提笔等。

兼毫笔：笔性介于硬毫与软毫之间，是用硬毫和软毫相掺制成。最常见的兼毫笔有七紫三羊、白云笔、提斗、长锋等。

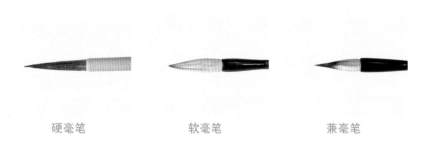

硬毫笔　　　　　软毫笔　　　　　兼毫笔

初学者必备：
硬毫笔：大、中兰竹各一支。
软毫笔：大、中、小号长锋羊毫各一支。
兼毫笔：大、中、小号白云各一支，大、中号提斗各一支。

2. 握笔方式

押：通"压"。食指的第一节或第一节与第二节的关节处由外向内压住笔杆，与拇指相对捏住笔杆。

撅（yè）：用手指按。大拇指的第一节紧按住笔杆靠身的一方。

钩：指钩住。中指第一关节弯曲如钩，由外向内钩住笔杆，与食指合力，对着拇指，以更稳地控制笔杆。

抵：指抵抗。小指紧靠无名指而不接触笔杆，以增强无名指向外的推力。

格：指抗拒。无名指的指甲与肉相连之处顶住笔杆的内侧，顶住食指、中指往里压的力道。

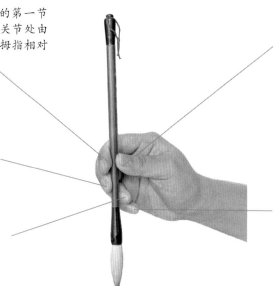

3. 选笔技巧

尖、齐、圆、健是选择毛笔的基本标准，被雅称为毛笔的"四德"。

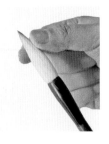

尖：笔毫聚拢时，笔锋呈尖锐状。

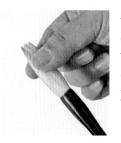

齐：将笔头浸湿、捏扁，笔尖的毛齐而不乱。

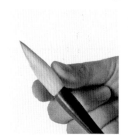

圆：笔毫呈圆锥状，笔肚饱满圆润。

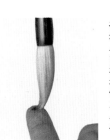

健：笔毫有弹性，压笔提起后能迅速恢复原状。

4. 运笔方法

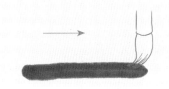 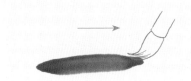 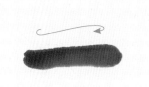

中锋：亦称"正锋"，即笔杆垂直于纸面，行笔时笔尖处于墨线中心。用中锋画出的线条圆浑而有质感。

顺锋：行笔时，笔锋、笔肚接触纸面，与通常用笔方向相同，采用拖笔方式运行，画出轻松流畅的笔触。

藏锋：起笔、收笔时，笔锋藏而不露，做到"欲右先左，欲下先上"。藏头藏尾视刻画对象而定。

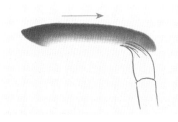 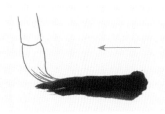 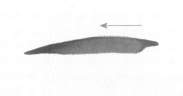

侧锋：笔杆倾斜，笔锋、笔肚均接触纸面，易画较宽的笔触。越接近笔锋，笔触越实；越接近笔肚，笔触越虚并留飞白。

逆锋：行笔时，笔尖逆势推进，与通常用笔方向相反，笔杆略向行笔方向倾倒，画出苍劲有力的笔触。

露锋：与藏锋的运笔方式刚好相反，起笔以笔尖着纸，收笔时渐提笔杆。

5. 运笔方式

运笔的起收、快慢、提按、顿挫、藏露、转折等都是通过运笔的节奏变化产生的。对于初学者而言，运笔的快慢、提按、转折是最常用的运笔方式。

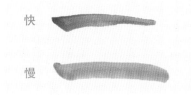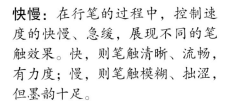 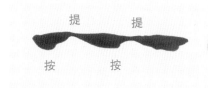 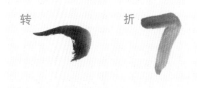

快慢：在行笔的过程中，控制速度的快慢、急缓，展现不同的笔触效果。快，则笔触清晰、流畅，有力度；慢，则笔触模糊、拙涩，但墨韵十足。

提按：在起笔、行笔、收笔的过程中，通过指、腕、臂的力度控制，产生起伏、轻重的变化。提为起，按为伏；提为轻，按为重；提则虚，按则实。

转折：笔锋转换时，提笔或按笔的力量不同，会有不同的转折效果。提笔转过去为"圆转"，按笔顿过去则为"方折"。

> **笔的正确使用**：初次使用崭新的毛笔时，先用水浸泡笔头，至根部完全散开，将附着的胶质冲洗干净，沥水后再蘸墨使用；每次要使用时，应先将笔以清水浸湿，再蘸墨使用；每次用完后，应及时用清水顺着笔毛的方向冲洗掉笔头上残存的墨色，理顺笔毛，垂直悬挂或倒插入笔筒，以备再用。

二、墨

1. 墨的种类

墨分"墨锭"和"墨汁"两种。

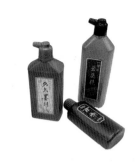

墨锭：也常被称为"墨条"或"墨块"。将墨锭在砚台中加水研磨，便能磨出新鲜的墨汁。选择墨锭时，要观察它磨出的墨色。墨色泛出青紫光的最好，黑色的次之，泛出红黄光或有白色的最劣。

墨汁：直接用罐壶等容器装载。初学者多选用墨汁，绘画时，直接倒入适量墨汁于盘中即可。目前，市面上所卖的北京"一得阁"牌墨汁和上海"曹素功"牌墨汁都能够满足初学者的绘画需要。

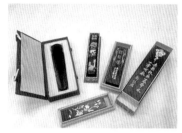

2. 墨分五色

墨分五色，指以水调节墨色多层次的深浅变化，常常指焦、浓、重、淡、清五色。用墨有干、湿、浓、淡的变化。

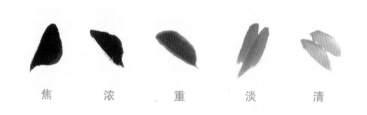

| 焦 | 浓 | 重 | 淡 | 清 |

> 宿墨：即隔宿之墨，墨汁存放较久，水分蒸发而浓缩，墨色最黑。宿墨常用于最后一道墨，用得好则能起"画龙点睛"的作用；但因宿墨中有渣滓析出，用不好则极易枯硬污浊，故用宿墨要求具有较高的笔墨功夫。

三、纸

	介绍	特点	识别方法	保存方式	墨色效果
生宣	未经过加工处理，质地绵韧，色泽白雅。	吸水性和沁水性强，易产生丰富的墨韵变化，宜用来画写意画。	滴水能立刻晕开，即为生宣。一般情况下，生宣不分正反。优质的生宣着墨后有明显的晕圈，涨力均匀；劣质的生宣则墨色呆板，渗透不匀，无墨韵效果。	防潮保存，生宣放越久越好用。为了使新的生宣能取得陈纸的效果，可将纸在风口挂放一段时间，称"风纸"。	
熟宣	将生宣按比例配染胶矾经加工后制成，再加以染色、洒金等工艺，便可以生产出繁多的品种，质地较硬。	水墨不易渗透，可做工整、细致的描绘，并能层层反复地皴染上色，宜用于绘制工笔画。	滴水于纸上，水成颗粒状立于纸面，无晕开效果。光滑面为正面，或洒金、有工艺效果的一面为正面。优质的熟宣较厚，胶矾比例适宜，绘画颜色均匀；劣质的熟宣易漏矾，会影响画面效果。	熟宣不宜久藏，藏久易脱矾，会出现局部渗墨的现象，建议用多少买多少。	
半熟宣	由生宣加工而成，介于生宣与熟宣之间。	吸水能力介于生宣与熟宣之间，有一定的墨韵效果，多用于技法效果的表现，如撞色、没骨等。	滴水于纸上，水缓慢地被纸吸收。光滑面或有工艺效果的一面为正面。纸质没有太大区别，胶矾比例不同，吸水性也不同。	藏久易脱矾，不宜久藏。	

> 初学者用纸建议：使用半熟宣进行练习，更易于掌控水墨比例以及运笔速度。

四、砚

常用来研磨墨块，也可用来盛放墨汁。

研磨墨块时，先用小壶滴清水于砚台表面，再用墨锭研墨，需把握研墨的力度与方向。避免使用热水，热水伤润损墨。

若用来盛放墨汁，需先将砚台中残留的宿墨或灰尘洗净、擦干，再将墨汁倒入。

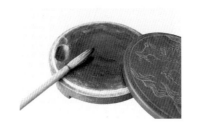 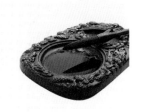

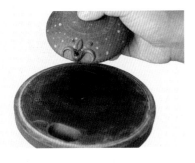 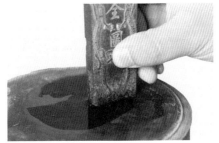 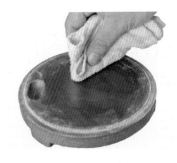

①先擦拭砚台，擦净后，用小壶滴清水于砚台表面。注意清水不宜一次加多，应随研随添。

②握住墨锭的中下段，垂直于台面，或顺或逆，重按轻推，力量均匀。磨一段时间后，转换墨锭的方向再磨。

③磨墨后，将墨锭放一旁待用，但切勿立于砚上或泡在墨汁中，否则会导致墨与砚粘连。绘画完后，将砚台洗净后保存。

五、色

传统的中国画颜料分成矿物颜料与植物颜料两大类。

矿物颜料的主要成分是矿物质，不易褪色且色彩鲜艳。如：朱砂、石绿、赭石等。颜料为粉状，用时须加明胶。

植物颜料是从树木、花卉中提炼出来的。如：花青、藤黄、胭脂、洋红。使用前，需要用水浸泡较为方便。

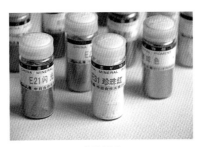 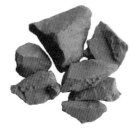

矿物质色　　　　　　植物色（藤黄）

初学者颜料挑选：初学者可以使用管状中国画颜料作画，但随着绘画水平的提高，应使用传统的中国画颜料。传统的中国画颜料色彩鲜明且更加稳定，不易褪色。

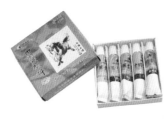

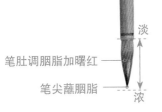

笔肚调胭脂加曙红 —— 淡

笔尖蘸胭脂 —— 浓

调色小技巧：首先将笔头润湿，适当地调控水分，然后蘸一到两种颜色调匀，使笔肚呈淡色，最后用笔尖蘸重色或墨，不调匀。用这种方法调色可以使笔头的颜色产生由笔尖到笔肚呈浓到淡的渐变，适用于画各种花的花瓣。

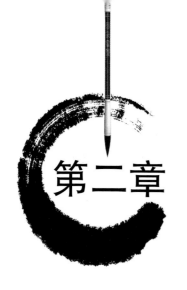

第二章 局部画法

任何事物都讲究循序渐进，绘画亦如此。本章将兰花分为兰叶、花头以及兰根三部分，介绍兰叶不同形态的表现方式，罗列不同花头的图例，细致剖析每个局部的画法，便于初学者逐个掌握，为后期完整作品的临摹与创作奠定坚实的基础。

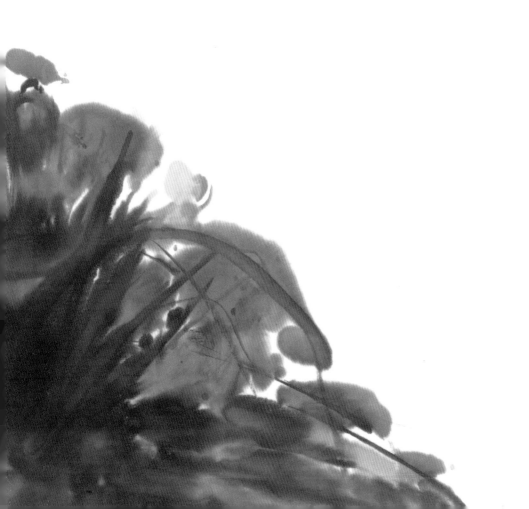

一、兰叶

中国画中，画兰均以兰叶为画面的重要组成部分，学画兰需先从画叶入手。兰叶看似简单，想画好却需花费大量的时间练习，需多观察、多积累、多了解不同类型的兰叶。尝试各类画法，控制用笔的提按、顿挫、转折及快慢等不同节奏，表现兰叶轻柔婉转、妩媚多姿之态。

1. 双勾法

选用小狼毫笔，蘸浓墨勾勒兰叶。双勾线条均匀，行笔较快，两笔或三笔画一根叶。整体需遵循"一叶长，二叶短，三叶交凤眼"的规律。画较长兰叶时，根据兰叶的转折结构，以适当调整用笔的提按、转折及节奏来表现。工笔画中多用双勾法画兰，勾完后可染色。

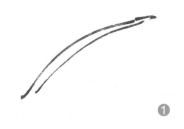

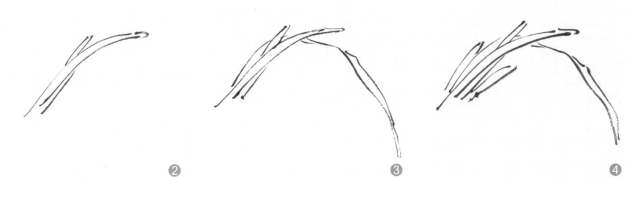

❷　　　　　　　　　　　❸　　　　　　　　　　　❹

双勾法图例

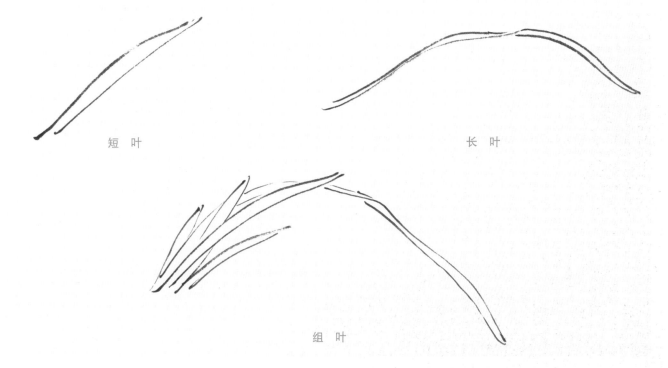

短　叶　　　　　　　　　　　　　　长　叶

组　叶

2. 没骨法

选用大号狼毫笔（可用大兰竹），调重墨勾撇兰叶。调墨时，笔头要略有浓淡变化，可先调匀墨色后，笔尖再调少许浓墨。同样遵循"一笔长，二笔短，三笔破凤眼"的基本规律，下笔爽劲，露锋收笔，气势连贯，一气呵成。

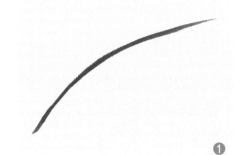

❶

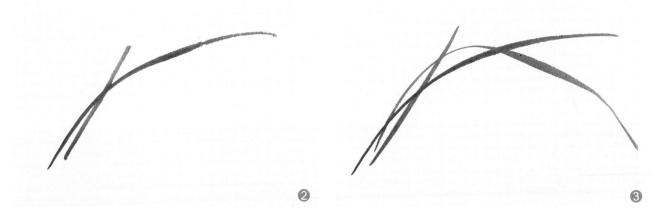

❷
❸

没骨法图例

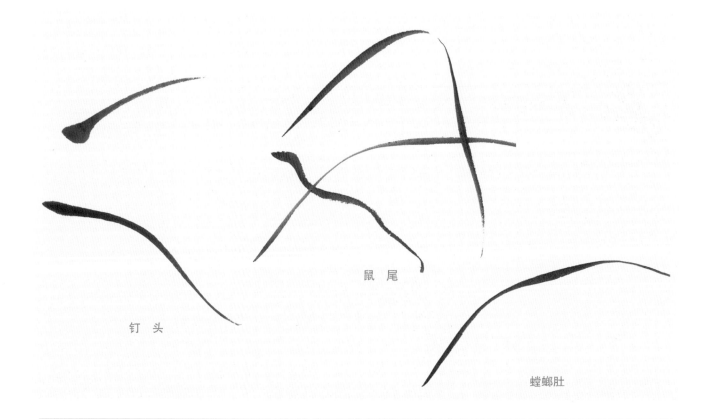

钉 头

鼠 尾

螳螂肚

3. 兰叶的基本画法

顺笔式画叶

　　顺笔，即顺势从左向右顺锋行笔画叶。墨色较重，水分不宜过多，下笔干脆，用笔轻快，勿犹豫。顺笔式便于起手，初学者可多加练习掌握。

❶ 一笔长。

❷ 二笔短。

❸ 三笔破凤眼。

❹ 右添笔。

❺ 左呼应。

逆笔式画叶

　　逆笔，即逆锋行笔，与顺笔方向相反，从右往左画叶。逆锋行笔，苍劲婉转有力，表现出兰叶的韧性。画叶用笔不宜太匀，可若断若连，更有意味。

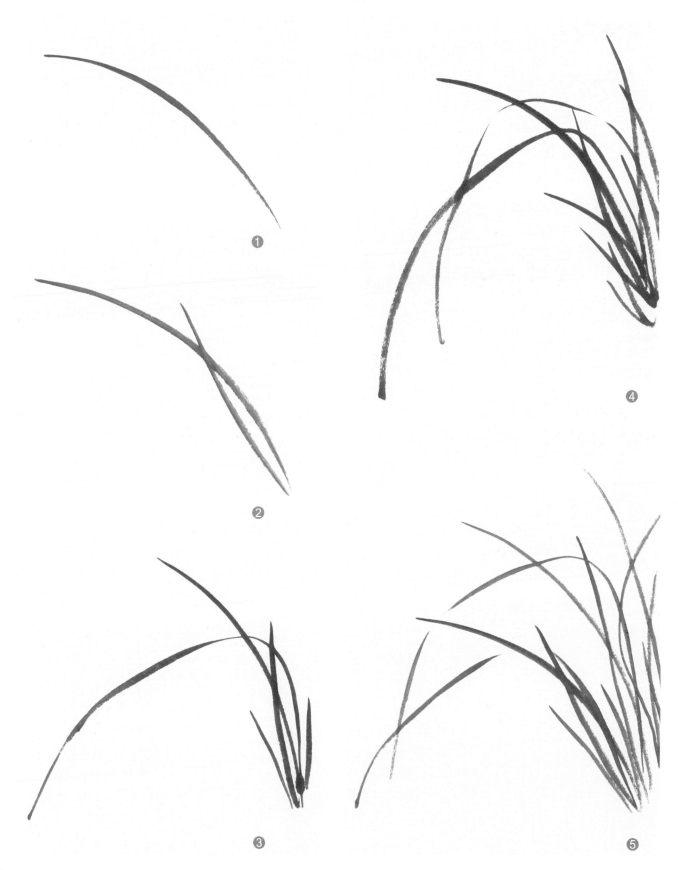

4. 不同形态的兰叶

倒垂形

倒垂形，即兰叶垂钓式，画时自上而下顺势行笔。倒垂的叶片弯曲较小，画个别叶的翻卷程度不宜过大。

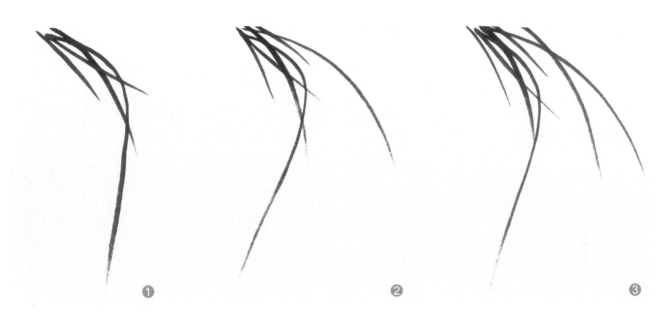

长带形

长带形兰叶的叶子较长，弯曲不一。用笔时，力道要均匀，画较长叶子时，需微有提按以表现叶的翻卷，同时体现出长带叶修长飘逸之感。收笔需有所控制，切勿使叶头过尖。

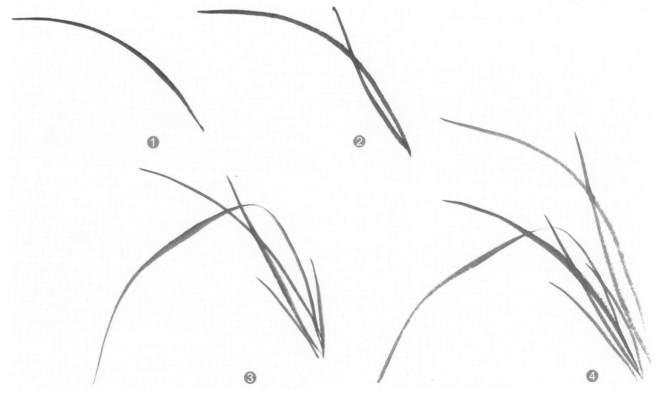

雨叶形

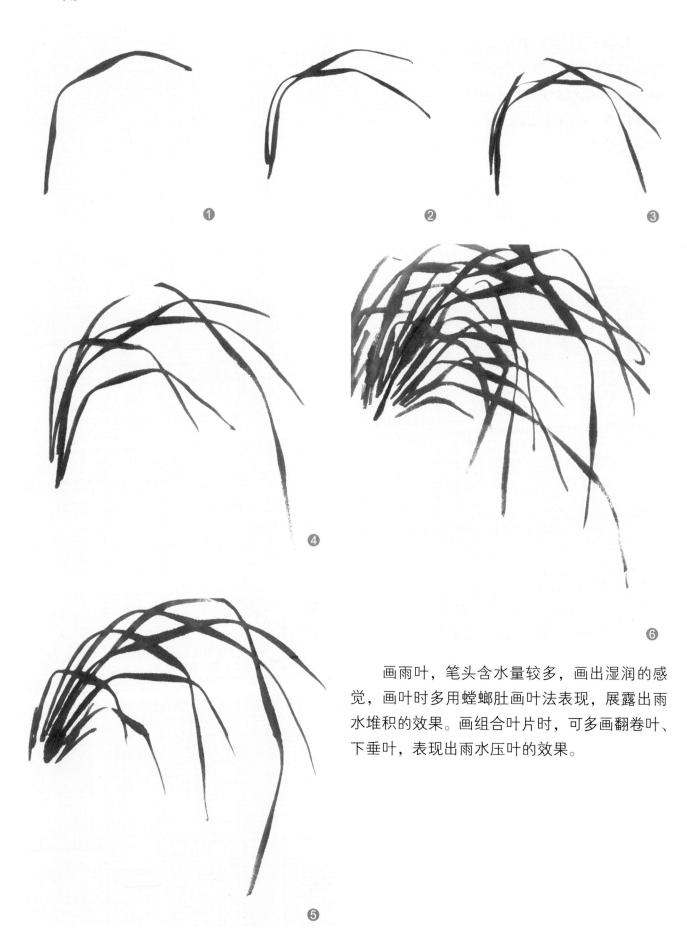

画雨叶，笔头含水量较多，画出湿润的感觉，画叶时多用螳螂肚画叶法表现，展露出雨水堆积的效果。画组合叶片时，可多画翻卷叶、下垂叶，表现出雨水压叶的效果。

风叶式

　　画风叶，用笔要弯，随风势向右弯折，整体飘逸而灵动，表现风吹拂过的感觉。下笔要连贯，中锋用笔，转折处提笔圆润过渡，笔笔带弧形。

① ② ③ ④ ⑤ ⑥

大小组合形式

兰叶往往不止一组，而是多组团簇在一起。在中国画中，常画两组或三组兰叶组合。画组叶时，需注意整体叶的布局方式，有前后、高低、浓淡、干湿等区分，叶片多而不乱，有虚有实。

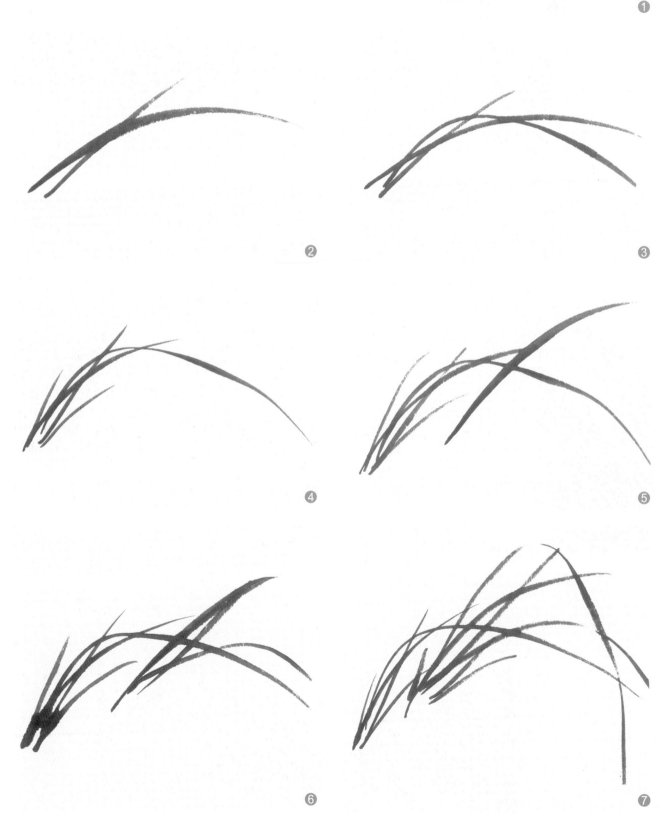

兰叶图例

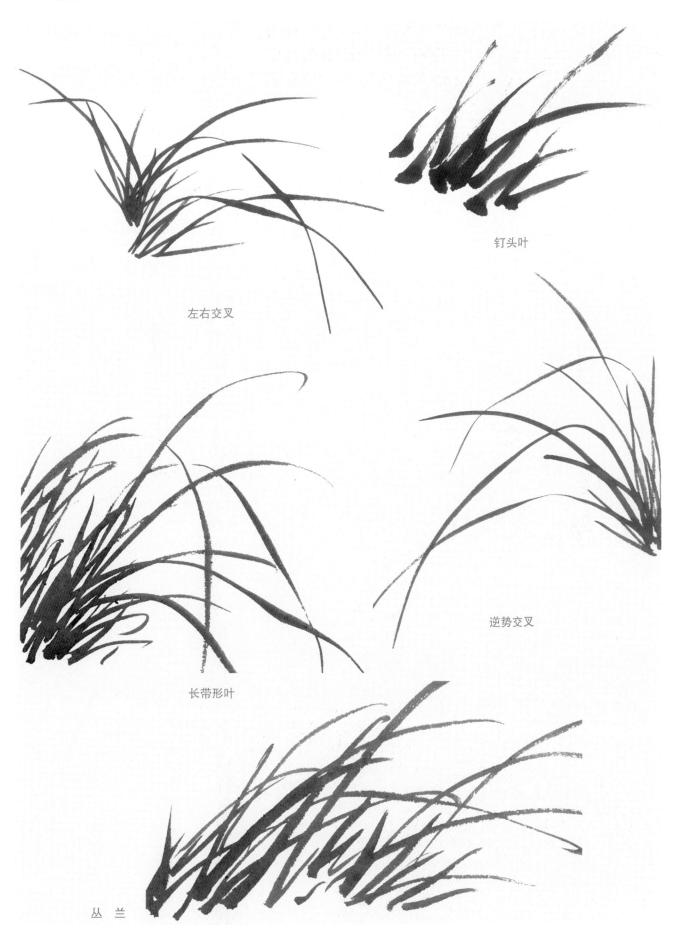

钉头叶

左右交叉

长带形叶

逆势交叉

兰叶　丛兰

二、花头

兰花的花头较小，常常掩映于兰叶丛中。在画好兰叶的前提下，再点缀少许兰花，使画面更加丰富。同时，娇羞的兰花与飘逸灵动的兰叶交相呼应，能增添画面的趣味性与生活性。

1. 双勾法

用较小的狼毫笔，笔头湿润调匀墨色，笔尖再蘸少许重墨，中锋用笔，勾画花头。用"顿、行、收"的用笔方式，两笔一瓣，依然可遵循"一瓣长，二瓣短，三瓣交凤眼"的步骤画花头。每片花瓣都有略微差别，翻卷花瓣需有一定的透视表现。最后添花柄，每片花瓣均需向心。

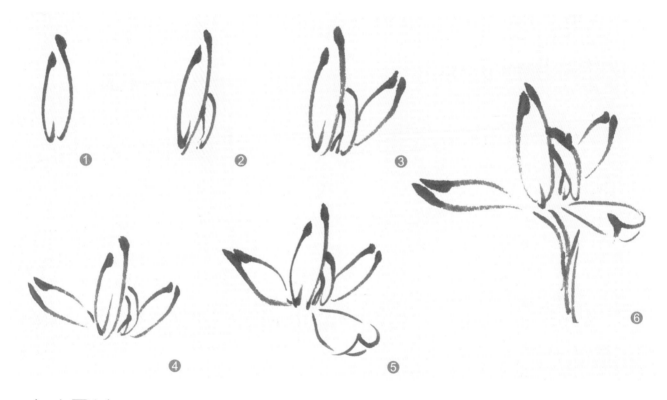

双勾法图例

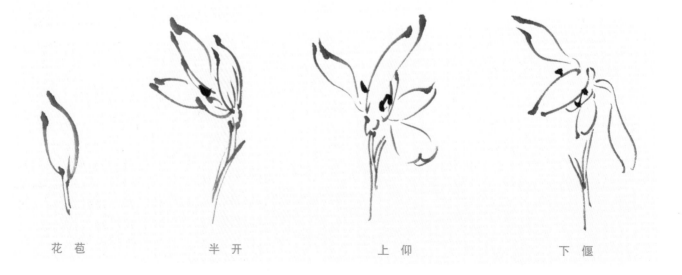

花苞　　　　　半开　　　　　上仰　　　　　下偃

2. 没骨法

没骨，即一笔点虱而成。用大兰竹调墨，笔尖浓，笔肚淡，摆笔撇瓣，长短有致，宽窄不一。在写意画中，画兰花花瓣可顺带一笔勾出花柄，亦可另起笔添加，所有花柄均需向心。最后中锋勾画花茎，用浓墨点蕊。

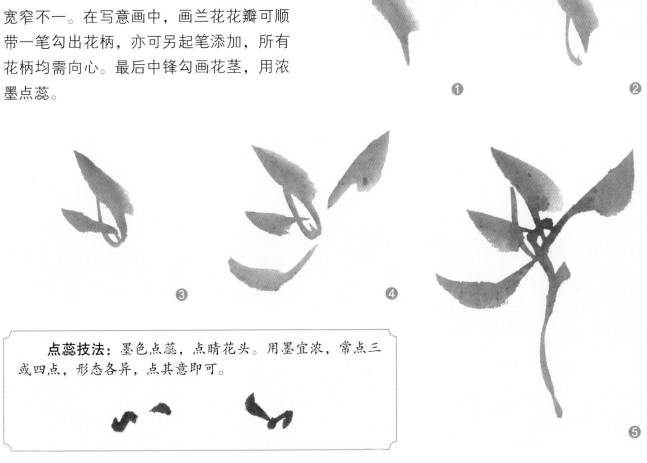

点蕊技法：墨色点蕊，点睛花头。用墨宜浓，常点三或四点，形态各异，点其意即可。

一茎一花称为兰，一茎多花称为蕙。不同于一般花头的画法，画蕙兰需先画茎，左右出柄，互生花头。花头围绕花茎生长，茎稍点虱未放花苞，整体错落有致，上浓下淡。最后用浓墨提点花心。

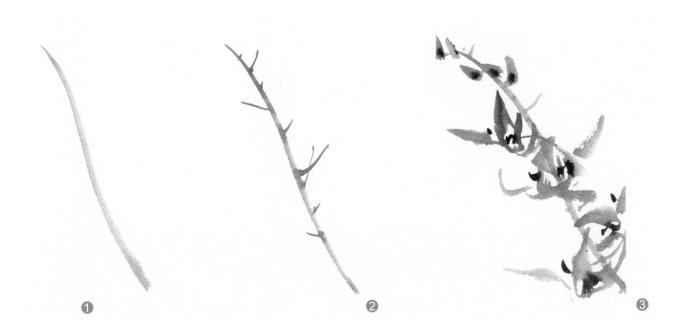

19

没骨法图例

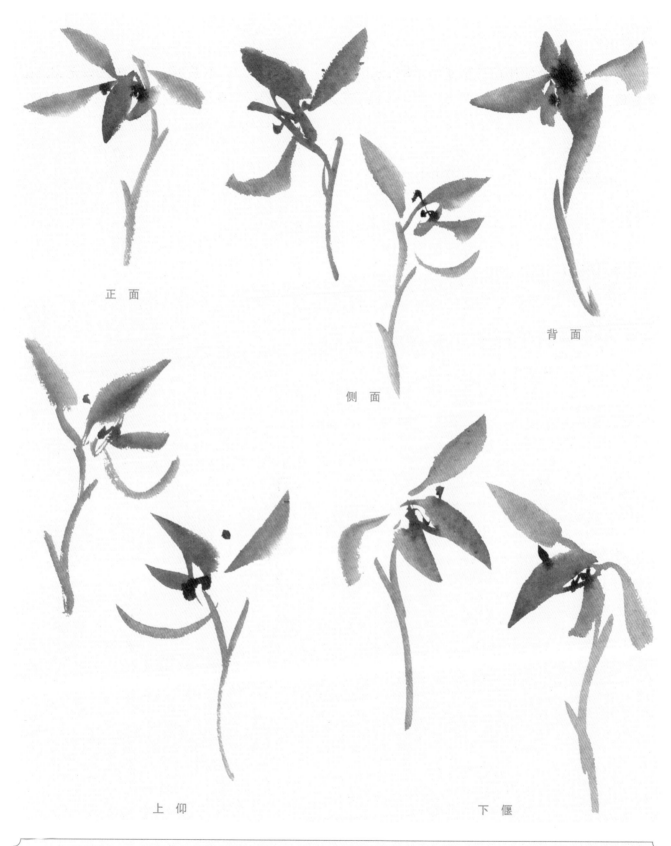

正面

背面

侧面

上仰

下偃

三、兰根

没骨法

　　兰根一般很少单独画于画面中，当作品中没有石头等其他物体呼应时，常添画兰根充实画面。画兰根，墨色比兰叶略干、略淡，用笔宜曲，多以提按、转折来表现，整体节奏与兰叶成对比。

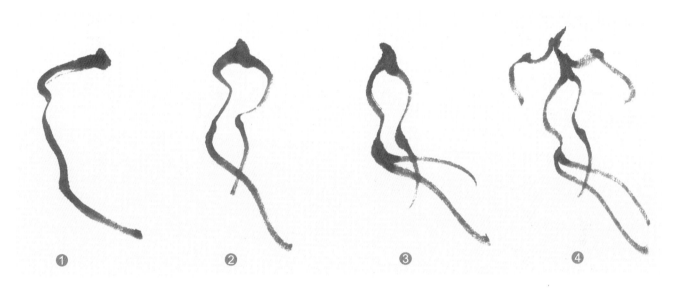

兰根图例

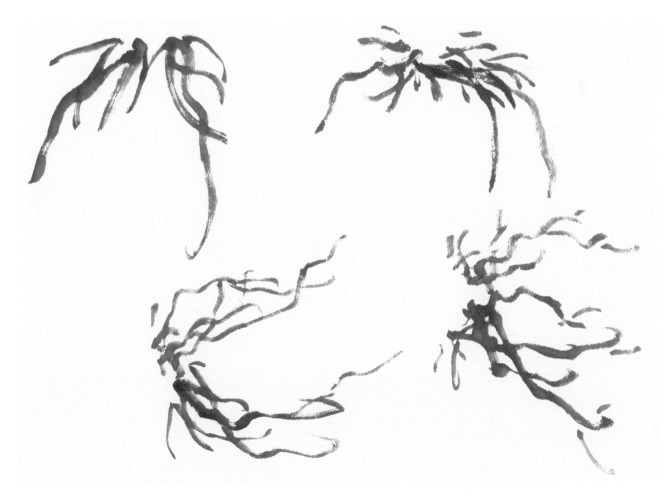

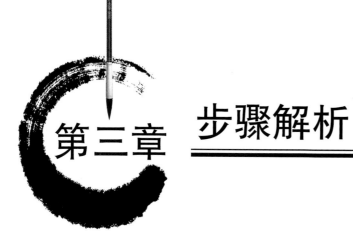

第三章 步骤解析

　　在画写意兰花时，为映衬兰花优雅之态，多以画幅不大、小而精致的小品形式展现。本章分为绘画步骤、种类解析及配景构图三个部分，从基本步骤到不同种类的剖析，再到配景构图的参考示范，详细介绍了各类兰花完整作品的作画步骤，引导初学者合理构图，为其日后创作奠定基础。

一、绘画步骤

1. 作品：《清幽》

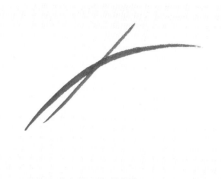

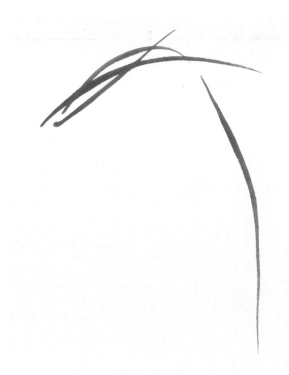

①一笔长，二笔短，两叶交叉，留白不宜过大，用笔宜挺拔、轻松。

②三笔交凤眼，贯穿前两笔。用笔轻松飘逸，若断若续，婉转有力。

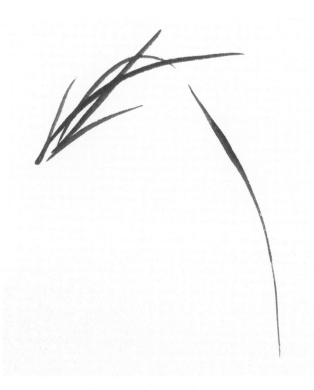

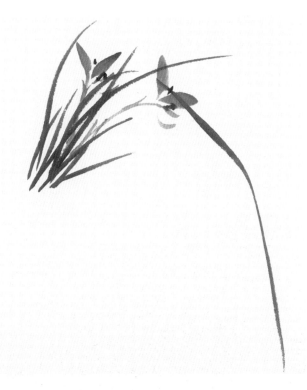

③左右两笔抱紧主叶，根部呈鱼头状。

④再添几笔短叶。添花，花宜比叶淡，有大小、主次之分。

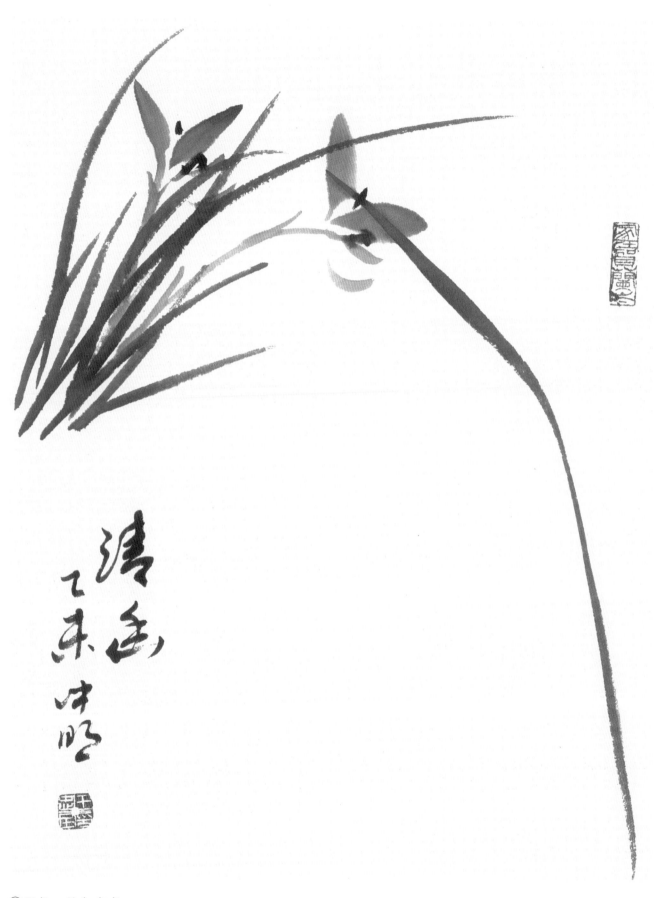

⑤题款、钤印完成。

2. 作品：《盆兰》

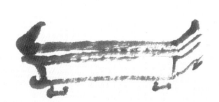

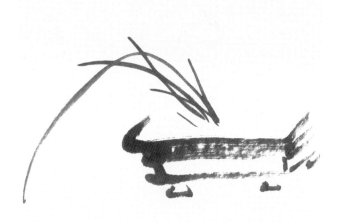

①兰竹笔中侧锋兼用，从左往右，从上往下一层层按结构画出花盆。笔墨浓淡、虚实结合，保留飞白。

②花盆上画第一组兰叶。叶整体方向朝左，可选用逆笔画法，亦可用顺笔画法从左往右画叶。叶不要沾到盆的边缘，需留出空间。

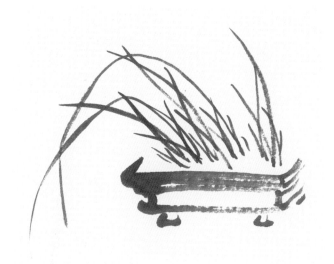

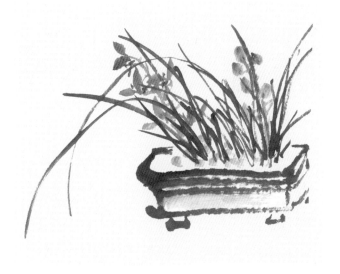

③依次添加后几组兰叶，长短不一，高低不同。兰叶较多，画时切勿三线交于一点。

④调朱砂加曙红，再调少许胭脂添左侧兰花，再蘸少许藤黄调色画右侧花苞。根部点淡赭石以表示土壤，花盆调淡三绿铺扫。

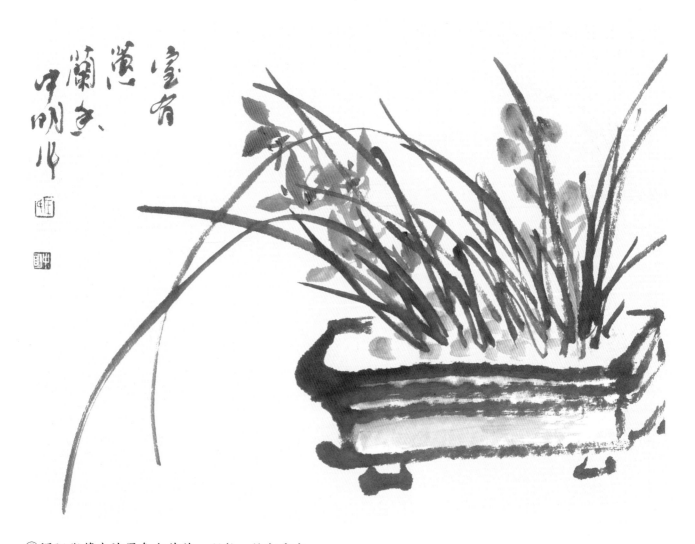

⑤调胭脂蘸少许墨色点花蕊。题款、钤印完成。

二、种类解析

1. 春兰

　　春兰，又名幽兰，以高洁、清雅、幽香而著称，是人们最为喜欢的兰花种类之一。其叶姿态优美，纤细修长；花为五瓣，以黄绿色、淡赭黄色居多。画春兰，可抓其特点，叶宜修长，以表其欣欣向荣之貌；花宜淡雅，以显其娇柔唯美之态。

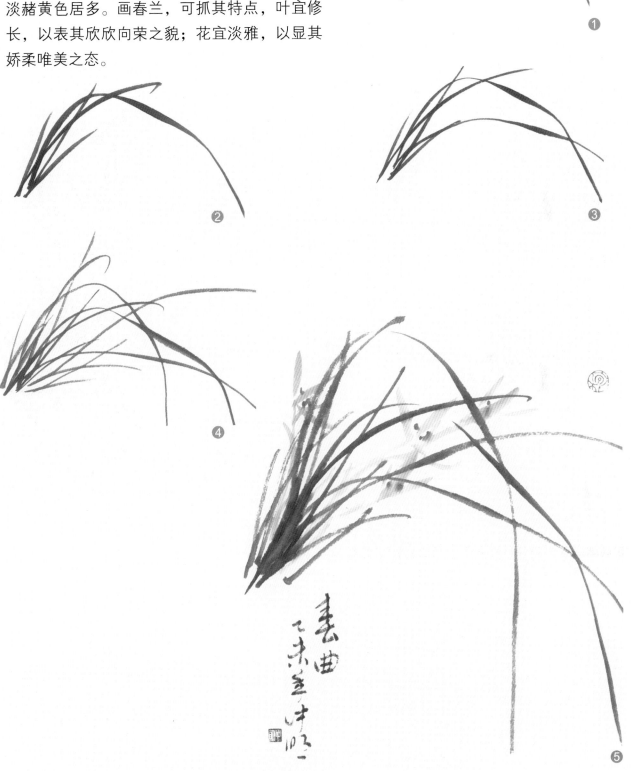

2. 蕙兰

　　蕙兰是我国最普及的兰花之一，其一茎多花，极具特色，深受国画名家的青睐。蕙兰根较粗短，叶呈带形，花常为浅黄绿色，花瓣有紫红色斑。画蕙兰时，要有取舍，花应错落有致；画叶可取风势，花茎也宜弯曲，以显风姿绰约。

3. 寒兰

　　寒兰叶呈带形，薄革质；花瓣为狭卵形或卵状披针形，花色丰富，常为淡黄绿色，也有紫红、深红等其他颜色。画叶宜苍劲有力，花宜圆滑滋润，对比区分，刚柔并济，彰显寒兰凌霜冒寒吐芳之可贵。

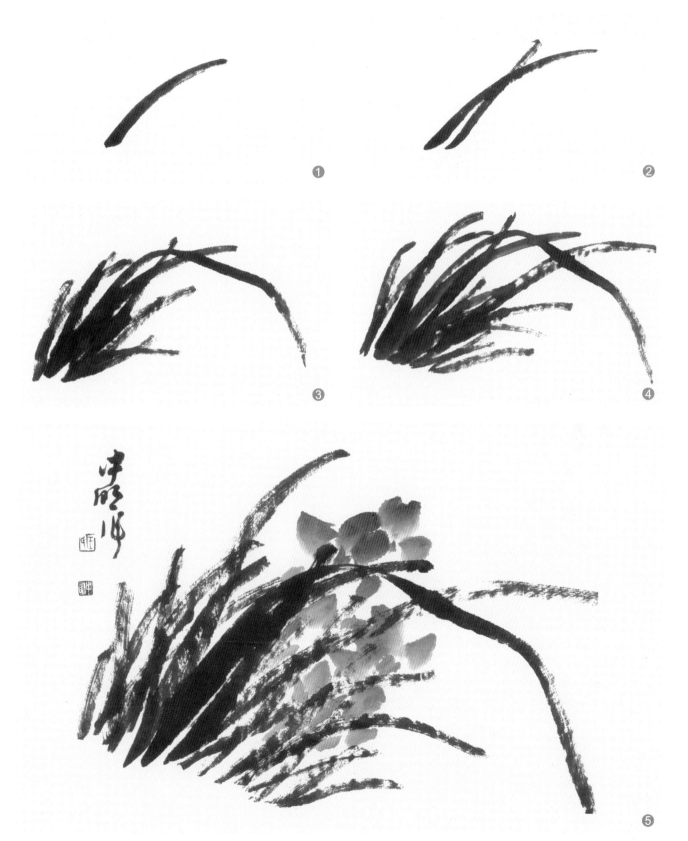

4. 建兰

　　建兰，叶片宽厚，为线状披针形，呈暗绿色。花瓣较宽，通常为浅黄绿色并带有紫斑。画线状叶宜用双勾画法，用线要有力度，每片叶的外形勾墨较重，线条较粗。待干后，调深绿色铺色，叶间扫淡红色点缀。花头颜色宜淡雅，形状偏肥厚。

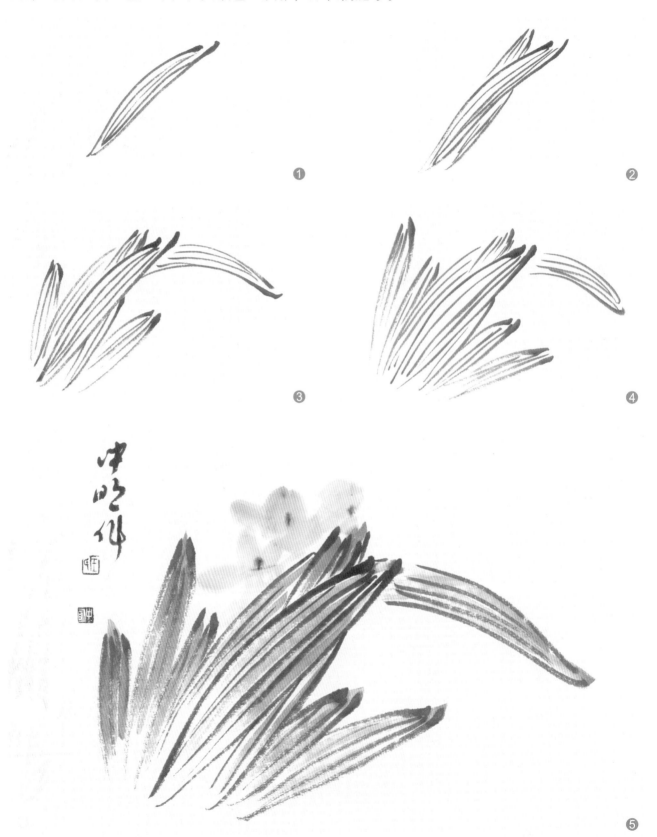

5. 文心兰

　　文心兰，又名跳舞兰，其花形优美，花色亮丽，兰叶薄而细长，微风拂过，翩翩起舞。画叶用笔轻快活泼，线条婉转、婀娜，创造典型优美的形象。花头高低错落，左右摇摆，与叶相呼应，但需注意聚散关系，有紧有松，疏密结合。

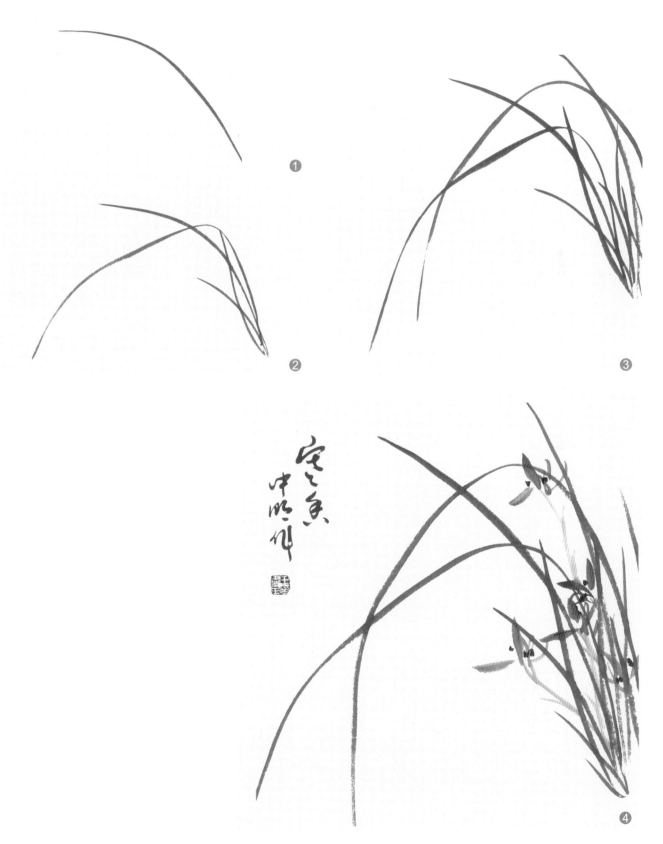

三、配景构图

1. 兰花与山石：《清风》

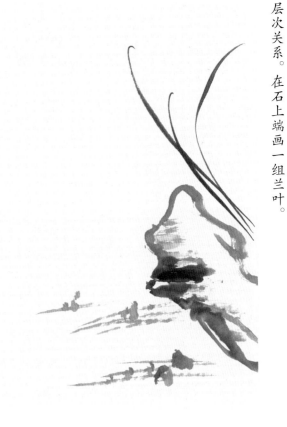

① 用大兰竹连皴带勾，结合用墨的浓淡、干湿变化，画出石头的阴阳关系。

② 中侧锋扫画出石头下端的坡面，用笔轻松，点乩墨点，增添层次关系。在石上端画一组兰叶。

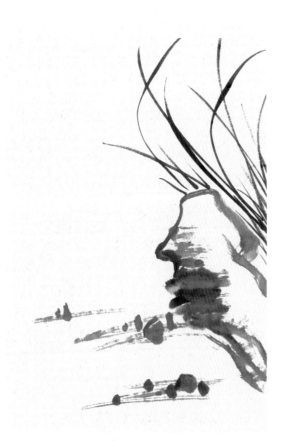

③ 画第二组兰叶时，注意交叉关系，勿将三线交于一点。

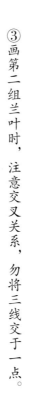

④ 依次分组增添兰叶，用笔轻松但不失章法，乱中有序。上方添几笔兰叶，与石相呼应。石头

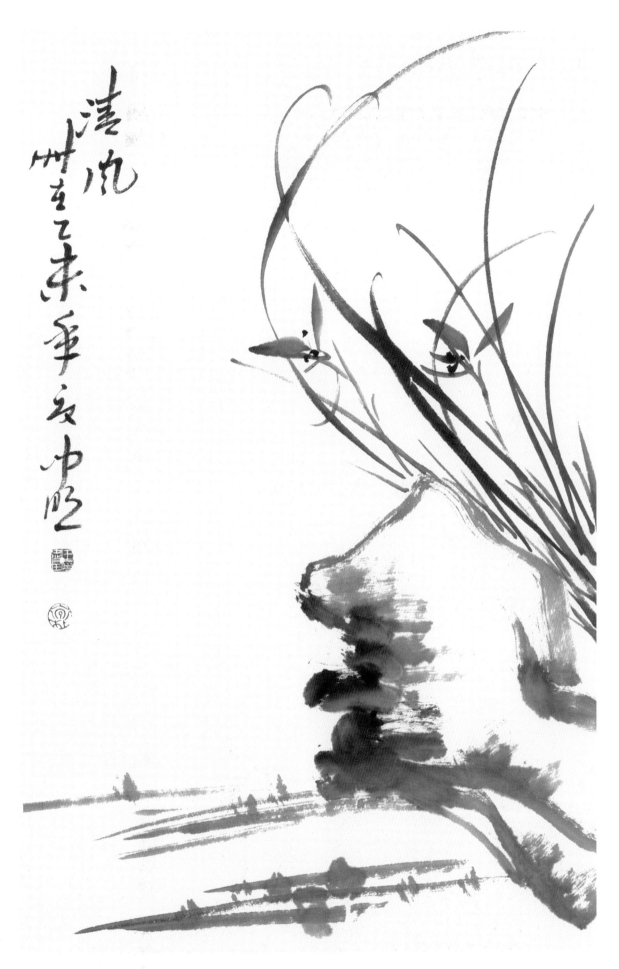

⑤在交叉留白处添花，花头姿态或仰或偃，切勿完全平行。最后在画面左方落款完成。

2. 兰花与墨竹：《双清》

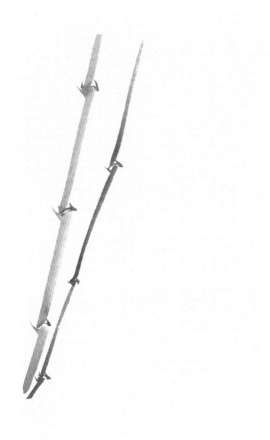

① 兰竹笔调墨画竹竿，一笔一节，由下至上画出，空出竹节缝隙，最后勾画竹节。两竿一粗一细，一浓一淡，竹节相错。

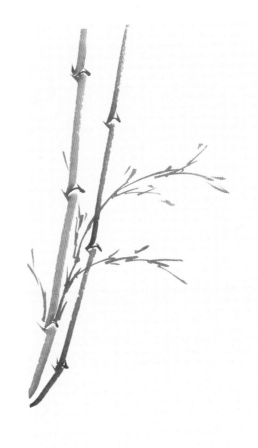

② 添画竹枝，用笔较随意，长短姿态各异。注意枝与枝、枝与竿的穿插关系。

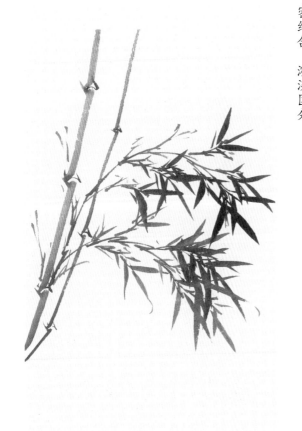

③ 顺势在枝上摆笔添扫竹叶，可用叠蜻蜓法或重人法组织叶片，疏密结合，浓淡区分。

④ 调淡墨色，在墨竹下方添画兰叶。整体向右倾，叶可与竹叶适当交叉，兰叶与竹叶形成从主关系。

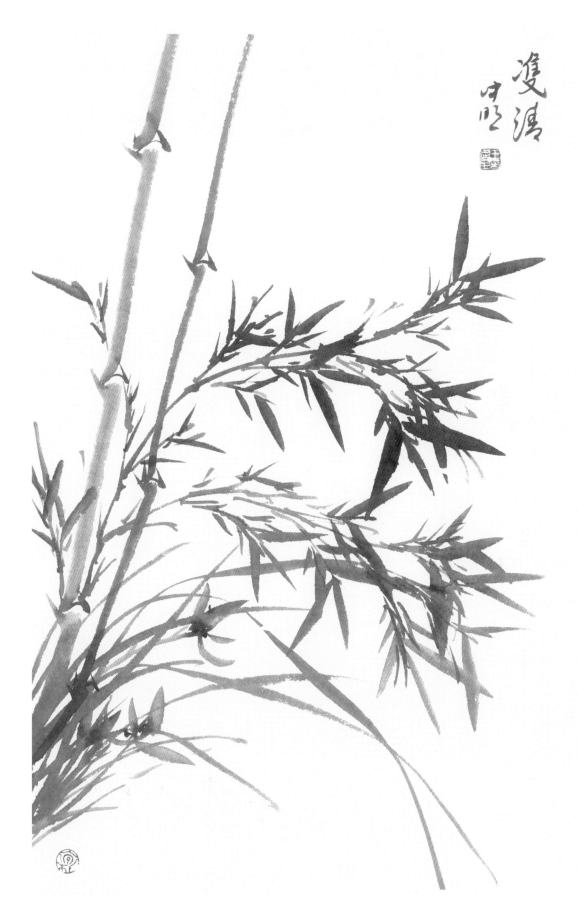

⑤笔头调淡墨色，笔尖蘸少许浓墨，添画兰花，并用浓墨点花心。整体调整画面，适当添补竹叶、兰叶。最后题款、钤印。

3.兰花与蝴蝶：《闻香》

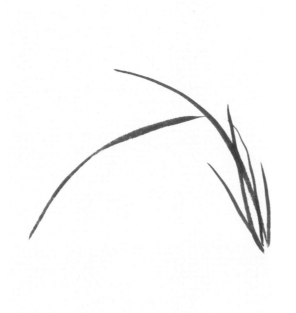

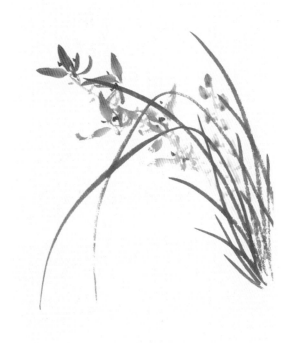

①画前，可用铅笔画小稿构思，确定好兰叶、兰花及蝴蝶大致位置。逆锋行笔，中侧锋并用，画第一组兰叶，提按分明，粗细有别。

②再添几组短叶，产生疏密对比关系。调朱砂加曙红，笔尖蘸少许胭脂画蕙兰花头。一束全开和一束花苞形成对比。

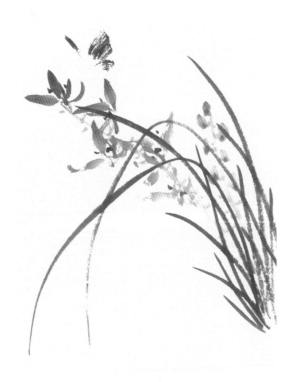

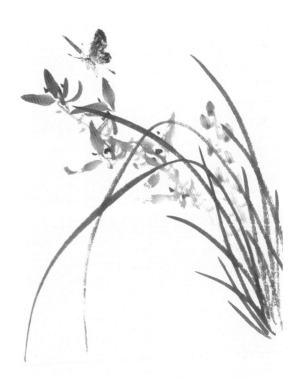

③添蝶与兰花相呼应，动静结合，使画面更有生气。确定蝴蝶的位置，先用兰竹笔，干笔侧锋画蝶的翅膀，用笔需准确肯定。

④再用小狼毫加头、胸及腹，勾出触须、吮管及爪，再用三绿色点头，腹部着淡赭石色，翅下用藤黄色衔接，翅上点浓的三青色。

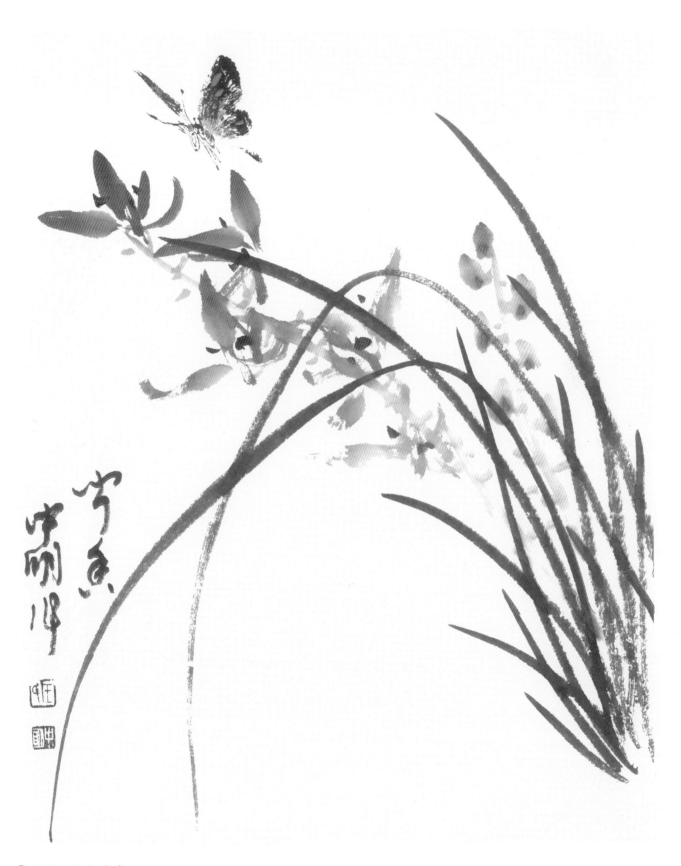

⑤题款、钤印完成。

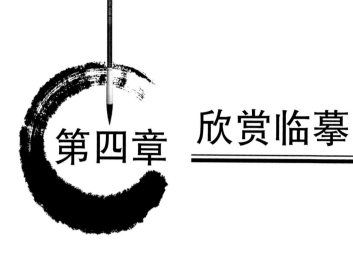

第四章 欣赏临摹

　　欣赏和临摹是学习绘画、提升绘画能力必经的过程。欣赏，开阔自己的眼界，了解不同物体的组合关系，细细品味画面中的笔墨韵味、用笔技巧；临摹，提笔临习作品，提升自己的手头功夫。本章展示了不同风格、不同难度的作品，以及部分以兰花为题材的经典古画，供初学者欣赏与临摹。章尾的构图、题跋等材料供初学者学习、参考。

一、作品欣赏

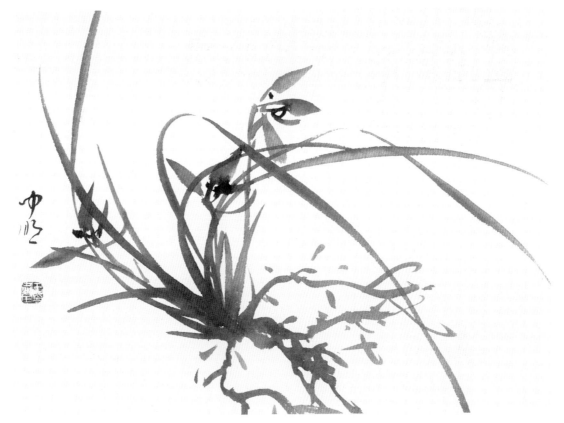

《清幽》

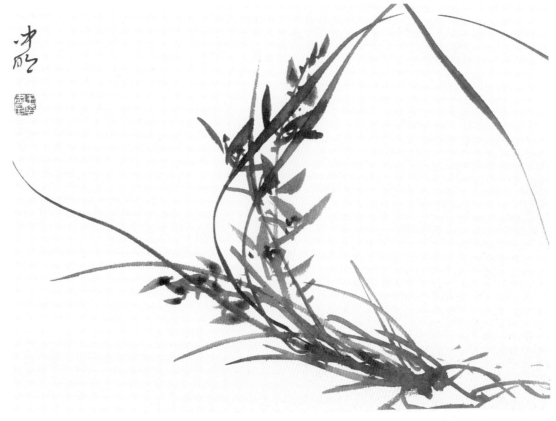

《蕙心永结》

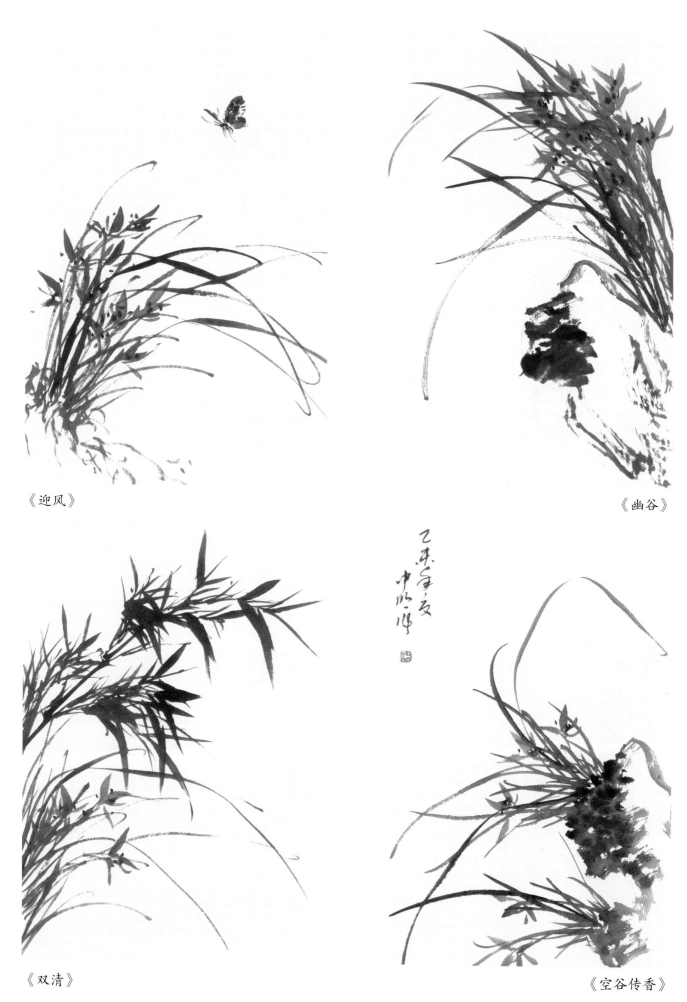

《迎风》

《幽谷》

《双清》

《空谷传香》

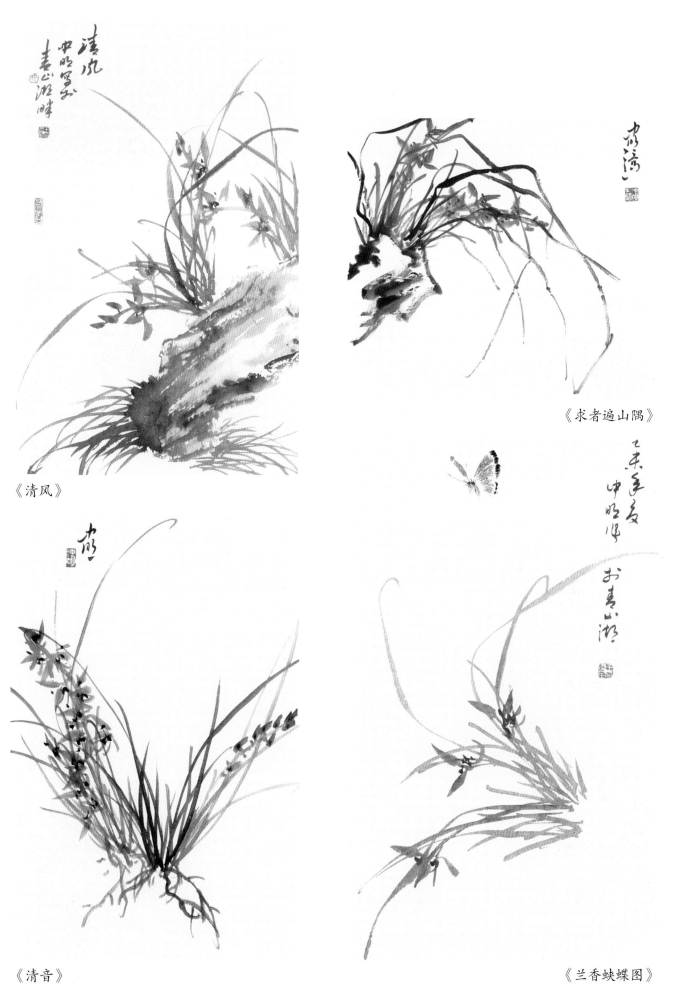

《清风》

《求者遍山隅》

《清音》

《兰香蛱蝶图》

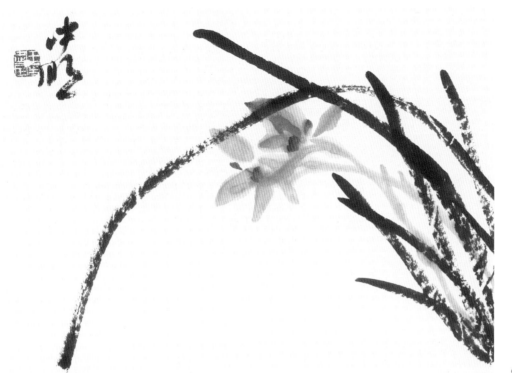

《凝香》

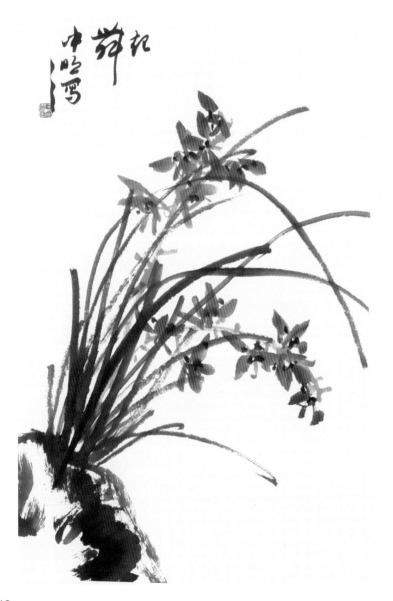

《起舞》

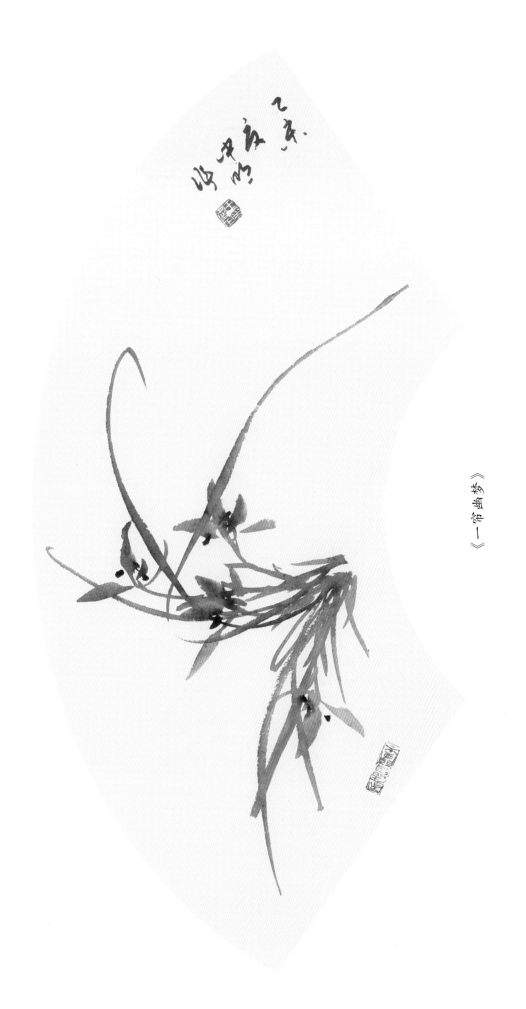

《一帘幽梦》

43

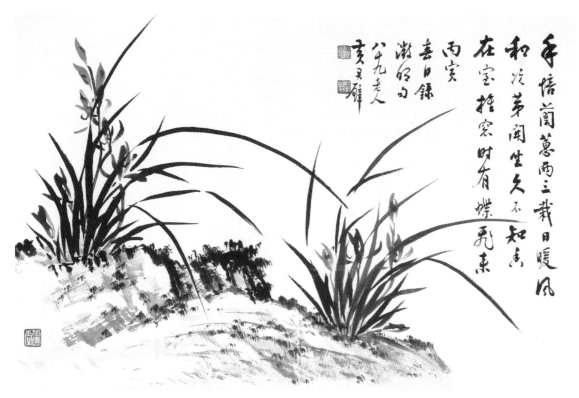

《兰蕙图》［元］赵孟頫

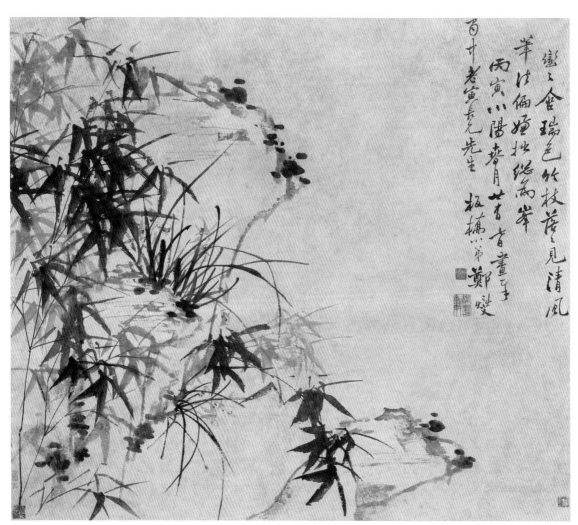

《兰竹图》［清］郑燮

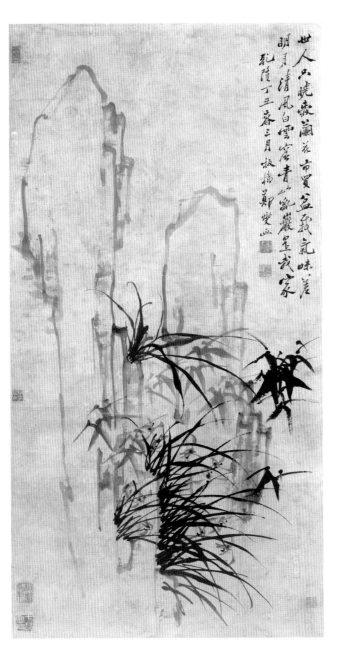

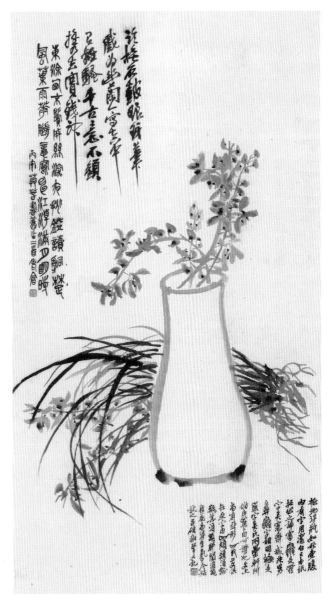

《兰石图》〔清〕郑燮

《兰桂清赏图》吴昌硕

二、构图参考

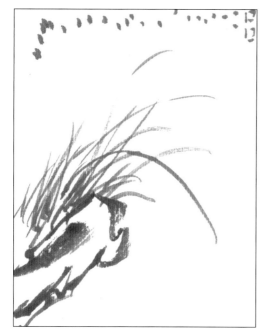

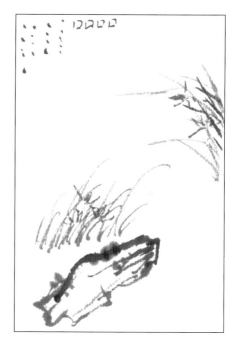

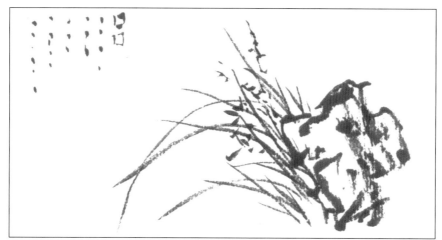

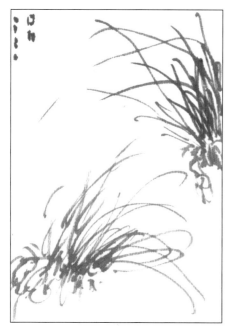

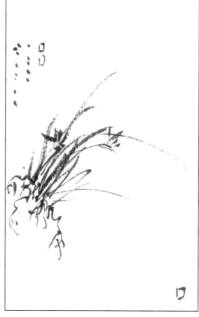

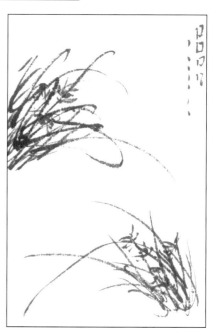

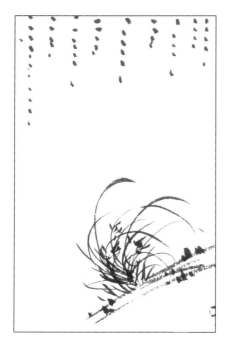

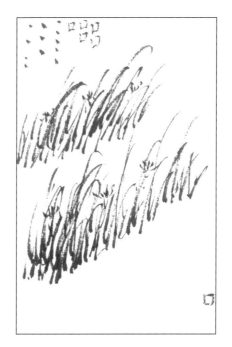

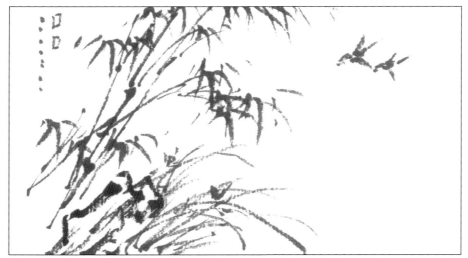

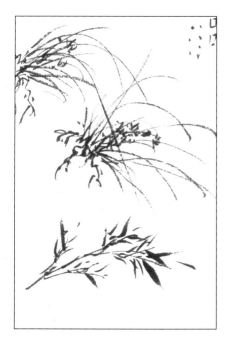

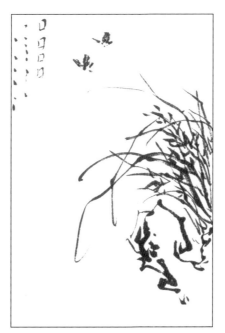

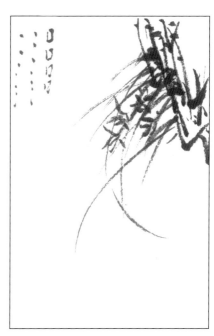

三、题跋参考

绘制完画面，配上相应的诗词题跋，古风古韵油然而生，再加上题款、钤印，即呈现出一幅完整的中国画作品。下面列了部分与兰花相关的诗词题跋，供初学者参考。

古风·孤兰生幽园

[唐]李白

孤兰生幽园，众草共芜没。
虽照阳春晖，复悲高秋月。
飞霜早渐沥，绿艳恐休歇。
若无清风吹，香气为谁发。

兰二首（其一）

[唐]唐彦谦

清风摇翠环，凉露滴苍玉。
美人胡不纫，幽香蔼空谷。

兰二首（其二）

[唐]唐彦谦

谢庭漫芳草，楚畹多绿莎。
于焉忽相见，岁晏将如何？

春庄

[唐]王勃

山中兰叶径，城外李桃园。
岂知人事静，不觉鸟声喧。

幽兰

[唐]崔涂

幽植众宁知，芬芳只暗持。
自无君子佩，未是国香衰。
白露沾长早，春风每到迟。
不如当路草，芬馥欲何为！

兰涧

[宋]朱熹

光风浮碧涧，兰枯日猗猗。
竟岁无人采，含薰只自知。

种兰

[宋]苏辙

兰生幽谷无人识，客种东轩遗我香。
知有清芬能解秽，更怜细叶巧凌霜。
根便密石秋芳早，丛倚修筠午荫凉。
欲遣蘼芜共堂下，眼前长见楚词章。

咏兰叶

[元]张羽

泣露光偏乱，含风影自斜。
俗人那解此，看叶胜看花。

咏兰

[元]郑允端

并石疏花瘦，临风细叶长。
灵均清梦远，遗佩满沅湘。

兰

[元]陈汝言

兰生深山中，馥馥吐幽香。
偶为世人赏，移之置高堂。
雨露失天时，根株离本乡。
虽承爱护力，长养非其方。
冬寒霜雪零，绿叶恐雕伤。
何如在林壑，时至还自芳。

兰花

[明]孙克弘

空谷有佳人，倏然抱幽独。
东风时拂之，香芬远弥馥。

兰花

[明]薛网

我爱幽兰异众芳，不将颜色媚春阳。
西风寒露深林下，任是无人也自香。

题画兰

[清]郑板桥

身在千山顶上头，突岩深缝妙香稠。
非无脚下浮云闹，来不相知去不留。

高山幽兰

[清]郑板桥

千古幽贞是此花，不求闻达只烟霞。
采樵或恐通来路，更取高山一片遮。

---

1. 兰叶春葳蕤，桂华秋皎洁。——[唐]张九龄《感遇·兰叶春葳蕤》

2. 健碧缤缤叶，斑红浅浅芳。幽香空自秘，风肯秘幽香。——[宋]杨万里《咏兰》

3. 惆怅幽人在空谷，自纫芳佩鬓先皤。——[元]柯九思《题赵子昂画兰》

4. 手培兰蕊两三栽，日暖风和次第开。坐久不知香在室，推窗时有蝶飞来。——[元]余同麓《咏兰》